반짝 아이디어로 부자왕되기

엮은이 **아이사랑** | 그린이 **신천중**

머리말

개인의 순간적인 아이디어로
우리의 생활을 보다 편리하게 한다면!

인류는 유사 이래 수많은 발견과 발명을 거듭해 왔습니다. 세계적으로 유명한 발명품 중에는 오랜 시간에 걸쳐 여러 사람의 지혜가 담겨 만들어진 것도 있지만, 개인의 순간적인 아이디어로 만들어진 것도 있습니다. 이런 발명품들은 우리의 생활을 보다 편리하게 하는 데 도움을 주었습니다.

이 책 '반짝 아이디어로 부자왕되기'에는 지금도 널리 사용되고 있는 물건들이 발명되기까지의 계기와 과정, 그 뒷이야기 등이 실려 있습니다.

이 책을 통해 평범한 철사줄에 장미 가시처럼 철사를 감은 철조망, 도꼬마리 가시로부터 매직 테이프를 발명해 낸 지혜, 보다 안전한 면도기를 고안해 낸 질레트, 유선형의 만년필을 고안해 낸 파커, 연필 끝에 지우개를 단 재치 있는 소년의 이야기 등을 만나 볼 수 있습니다. 이들 각각의 사례들은 생활하면서 누구나 느끼는 사소한 불편함이나 궁금증을 그냥 지나치지 않고 깊이 연구하여 그 해결 방안을 마련하였다는 데 공통점이 있습니다.

이처럼 인류를 편리하게 하는 발명이나 발견은 위대한 사람 몇 명을 통해 이루어지는 것이 아닙니다. 발명하는 일은 나이가 어려도, 학력이 낮아도 할 수 있는 일입니다. 누구나 조금만 관심을 갖고 그 원인을 파헤쳐 끊임없이 노력한다면 인류의 삶을 한순간에 뒤집어 놓을 수 있는 아이디어를 떠올릴 수 있습니다.

어린이 여러분들도 사소한 것들을 그냥 지나치지 말고, 기발한 아이디어와 재치로 역사에 남는 발명가가 되어 보세요!

엮은이

차례

머리말 · 004
부록 · 우리 나라의 발명품들 006

008 억만장자가 된 양치기 소년
024 자연이 준 선물 매직 테이프
042 연필에서 단맛이?
부록 · 순간의 아이디어가 만든 발명품 059

060 솥을 만든 소년
088 상처 없는 얼굴을 위하여
부록 · 이것이 인류 최고 111

112 유행을 읽어 낸 파커
126 우연한 실수가 빚어 낸 발명
부록 · 순간의 아이디어가 만든 발명품 137

138 물에 뜨는 기적의 비누
154 소년 화가의 아이디어
부록 · 특허와 관련된 용어들 173

우리 나라의 발명품

조선의 발명왕 장영실

자격루

조선 시대의 가장 뛰어난 발명가이자, 과학자라 할 수 있는 장영실은 천민 출신으로 어려서부터 관노로 살았습니다. 그러나 관찰력과 손재주가 뛰어나 세종 대왕에게 발탁되어 여러 가지 뛰어난 발명품들을 만들어 내며, 조선의 과학 발전에 이바지했습니다.

그의 발명품으로는 해시계인 앙부일구, 강우량을 재는 측우기, 천체를 관측하는 데 쓰이는 간의, 오늘날의 지구본이라 할 수 있는 천문의·혼천의 등이 있습니다. 그 중에서도 가장 대표적인 것은 시간에 따라 종이 울리는 자격루와 냇물에 세워서 강우량을 재는 수표가 있습니다.

유네스코 세계 기록 유산으로 지정된
세종 대왕의 '훈민정음'

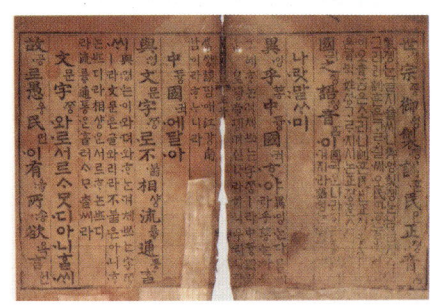
훈민정음

세종 대왕이 창제한 훈민정음은 현재 국보 제70호로 지정되어 있으며 1997년 10월 유네스코 세계 기록 유산으로 등록되었습니다.

훈민정음이 창제될 당시에는 28자였으나, 오늘날에는 24자만 쓰입니다. 한글은 우리말을 완벽하게 표기할 수 있을 뿐 아니라 배우기와 사용하기에도 매우 편리한 문자입니다. 한글은 세계의 유명 언어학자들로부터 독창적이며 과학적이라고 인정받고 있습니다.

우유팩의 효시가 된 접철식 종이컵

우리가 흔히 먹는 우유를 담은 우유팩은 누가 만들었을까요? 위생적으로 우유를 포장할 수 있고 쉽게 손으로 따서 먹을 수도 있으며 재활용을 할 때도 간단하게 접을 수가 있지요. 이 우유팩은 바로 우리 나라의 발명왕 신석균 할아버지의 작품입니다. 처음 이것을 개발했을 때의 용도는 인삼 가루를 안전하게 담기 위한 것이었습니다. 그러나 이 특허권을 어느 외국 사업가가 샀고 그 팩을 이용해 우유 등의 액체를 담을수 있는 용기로 바꾼 겁니다. 전 세계 대부분의 나라에서 우유팩으로 이 용기를 씁니다. 하지만 아쉽게도 이 용기의 특허권은 우리에게 없습니다. 만약 이 용기의 발명자인 신석균 할아버지가 우유등을 담을수 있는 보편적인 쓰임새를 염두에 두고 만들었다면, 그리고 특허권을 팔지 않았다면 대단한 돈을 벌 수 있었겠지요?

목욕탕의 필수품 때수건(이태리타올)

대중 목욕 문화가 발달해 있고 몸의 때를 박박 문질러 벗겨내야 비로소 개운함을 느끼는 우리 나라 사람들에게는 목욕탕에 갈 때마다 반드시 들고 가야하는 것이 바로 때수건입니다. 아주 거칠어서 때가 잘 밀리기는 하지만 어린이들에겐 아주 곤욕스러운게 또 이 때수건입니다. 이태리 타올이라고도 불리는 이 물건도 우리 나라에서 발명된 것입니다. 옷감용 천을 수입하는 어떤 사람이 이태리에서 대량의 천을 수입해 왔는데 이 천의 재질이 너무 거칠어서 도저히 옷감으로 쓸 수가 없었답니다. 이 천의 처리를 두고 고민하던 그는 천이 거칠다는 점에서 착안, 목욕용 때수건으로 쓰면 어떨까하는 생각을 하게 되었습니다. 그리고 직접 그것을 들고 목욕탕에 가서 때를 밀자 정말 놀라우리만치 때가 잘 나왔다고 합니다. 그렇게 만들어진 때수건은 정말 불티나게 팔렸다고 합니다.

조셉은 아빠의 도움을 받아 철사를 5cm 정도씩 잘라

장미 가시처럼 철사 울타리에 감아 보았습니다.

양들은 이렇게 만든 가시 울타리를 부수지 못했습니다.

와~ 성공이다!

철조망!

영리한 미국 소년 조셉은 특허에 대한 지식을 잘 알고 있었습니다.

특허 출원을 하러 왔습니다.

자연이 준 선물 매직 테이프

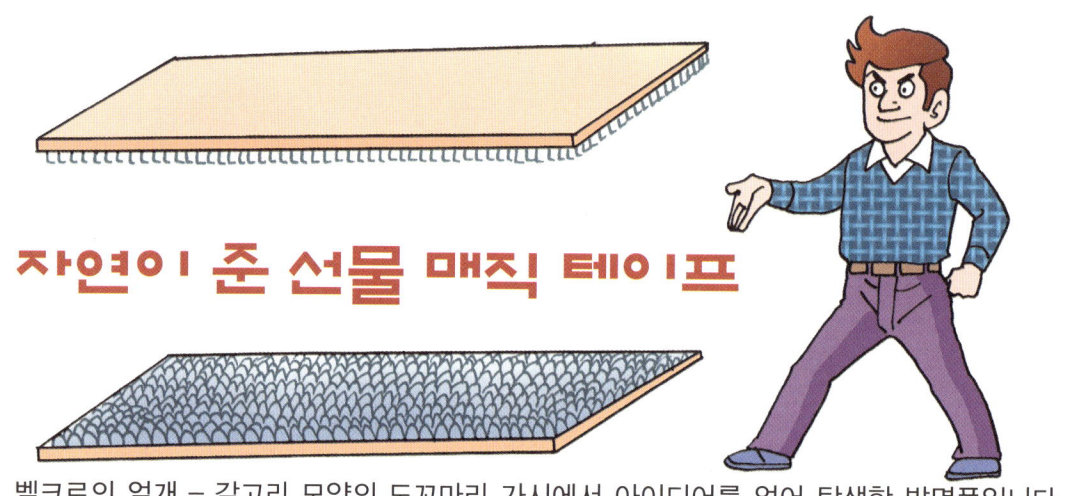

벨크로의 얼개 – 갈고리 모양의 도꼬마리 가시에서 아이디어를 얻어 탄생한 발명품입니다.

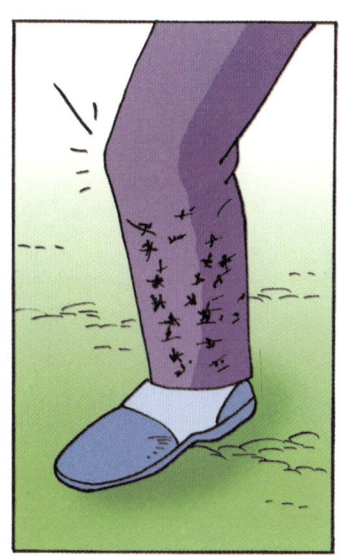

헬렌이에요, 아빠.

후아~

휴.

도꼬마리가 어쨌길래 저녁 약속도 잊은 거야?

도꼬마리 끝이 갈고리 모양으로 되어 있어서 옷에 붙으면 안 떨어지는 거야.

그런데?

밤이 깊어 실험실에도 어둠이 찾아왔지만

그는 손님을 초대했다는 사실조차도 잊은 채 실험에 빠져 있었습니다.

아~, 다 했다.

실험 일지만 기록하면 일과 끝!

몇 시지?

캭!

땡 땡 땡 땡 땡

만세!

마침내 그는 독이 있는 타르에서 사카린이라는 단 물질을 뽑아 내는 기술을 개발하는 데 성공했습니다.

사카린은 사람의 건강에도 전혀 도움이 안 되고 아무 영양가도 없지만

설탕의 500배에 달하는 단맛을 냅니다.

1879년 팔베르크는 사카린의 발명 사실을 세상에 널리 알렸으며

미국에서 사카린 제조에 따른 모든 권리를 획득했고

독일에 최초의 사카린 공장을 세워 대량 생산을 하기에 이르렀습니다.

여자 친구의 주름치마에서 콜라병으로

콜라병

미국 조지아 주에서 태어난 루드는 어려운 집안 형편 때문에 도시로 나가 돈을 벌어야 했습니다. 몇 년을 고생한 후에야 그는 병을 만드는 공장의 기술자로 일할 수 있었습니다.

어느 날 '예쁜 모양에 물에 젖어도 미끄러지지 않고, 보기보다 적은 양이 들어가는 새로운 콜라병'의 디자인을 모집한다는 신문 광고를 보았습니다. 현상금도 어마어마했습니다. 루드는 하늘이 준 기회라고 생각하고, 당장 콜라병 만드는 일에 몰두했습니다.

병을 만들기 위해 고심하고 있던 어느 날, 루드의 눈이 반짝거렸습니다. 여자 친구 주디가 입은 옷은 당시에 유행하던 통이 좁고 엉덩이의 선이 아름다운 긴 주름치마였습니다. 루드는 주름치마를 스케치한 대로 병을 만들고 특허 출원까지 했습니다. 그리고 콜라 회사의 사장을 찾아갔습니다. 사장은 콜라가 너무 많이 들어갈 것 같다는 이유로 거절했습니다. 루드는 말없이 자신의 병에 가득 담은 물을 사장이 들고 있던 컵에 따랐습니다. 그런데 병 속의 물을 다 따라도 넘치기는커녕 컵의 80%까지밖에 차지 않는 것이었습니다.

"루드씨, 당장 당신과 계약하겠소."

우리가 흔히 볼 수 있는 콜라병은 그렇게 탄생했습니다. 여자 친구의 주름치마에서 얻은 아이디어로 루드는 600만 달러를 벌어들일 수 있었습니다.

솔을 만든 소년

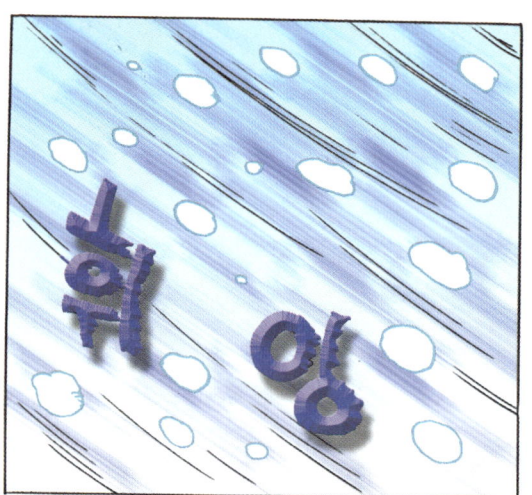

종려 : 야자과에 딸린 상록 교목. 손바닥처럼 잎이 갈라지고 샛노란 꽃이 5~6월에 핌.

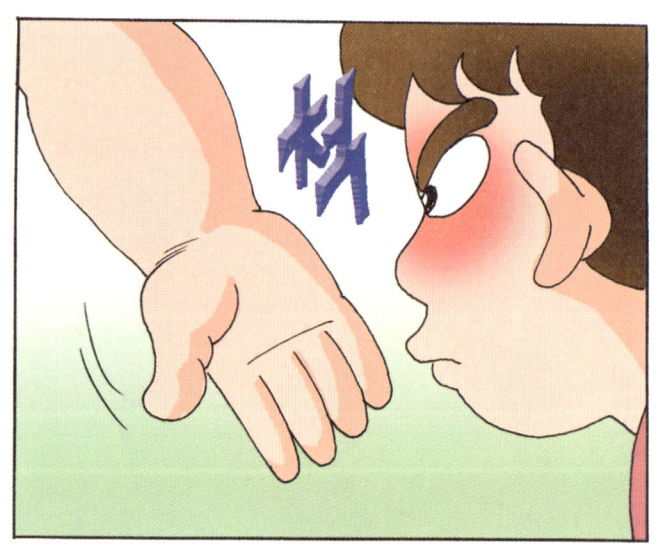

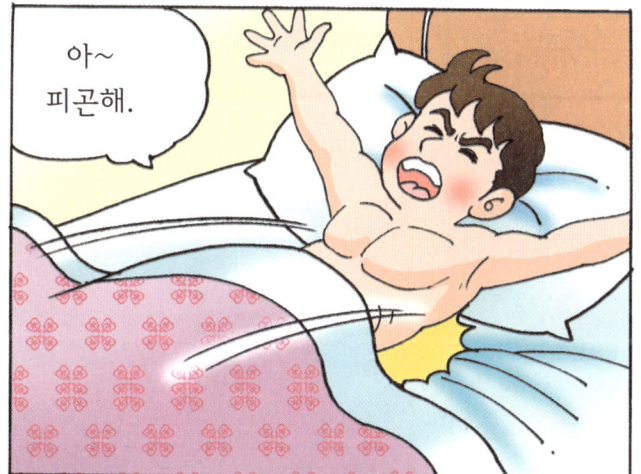
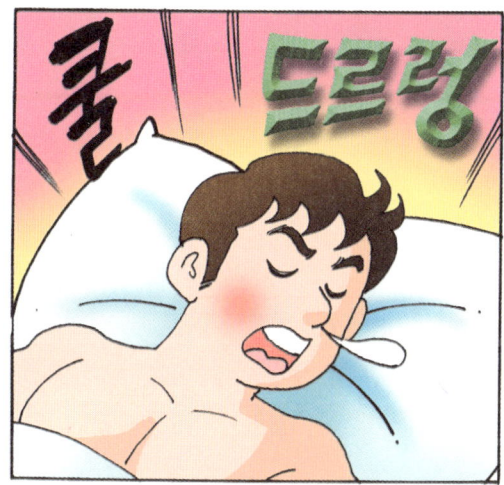

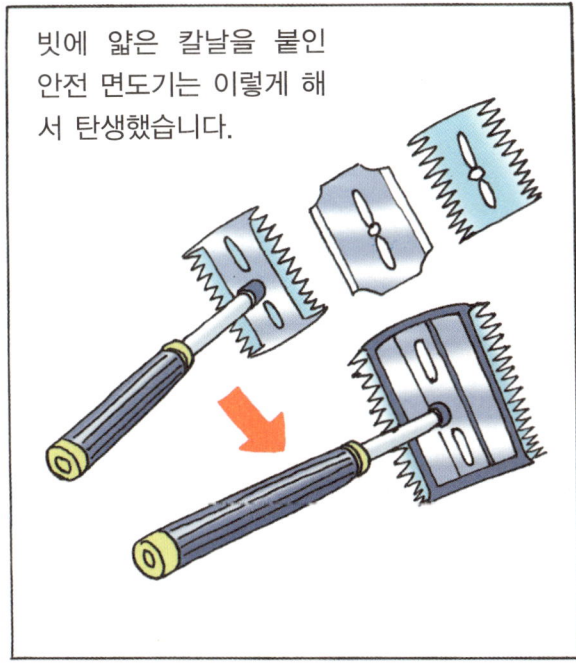

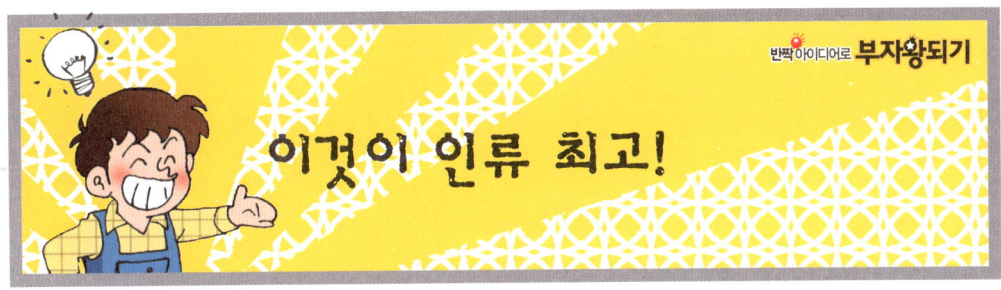

수레바퀴에서 인터넷까지

인류의 조상들은 특별한 과학적 지식 없이 구르는 돌이나 과일 등을 바라보며 뛰어난 관찰력과 기억력으로 인류 최고의 발명품이라고 할 수 있는 바퀴를 탄생시켰습니다. 바퀴에 대한 가장 오래 된 기록은 기원전 3,500년 티그리스·유프라테스 강 유역에 거주하던 수메르 인의 전쟁 벽화에 그려진 전차용 통나무 바퀴입니다. 수메르 인들은 2~3개의 통나무 원판을 붙여 잘 쪼개지지 않는 바퀴도 개발했습니다.

수레바퀴

기원전 2,000년에는 전투에 능했던 아시리아 인이 전차의 기동력을 높이고자 통나무 대신 나무 테두리에 나무살을 박아 무게를 가볍게 한 오늘날의 바퀴 형태를 만들어 냈고, 짐승의 가죽, 철판 등을 테두리에 붙인 바퀴들이 차례로 등장했습니다.

15세기에 이르러서는 레오나르도 다빈치가 현재의 자전거 바퀴 형태와 같은 수십 개의 가는 철살로 바퀴를 지탱하는 방법을 고안해 냈습니다.

이후 자동차가 발명되고 바퀴에 탄력이 있는 고무를 붙이면서 오늘날의 타이어가 생겨나게 되었습니다. 바퀴의 발명은 인류의 운송 수단에 획기적인 발전을 가져다 주었고, 현재까지도 우리 주변의 수많은 물건에 사용되고 있습니다.

어렵게 성사시킨 계약이었는데 만년필의 잉크가 계약서에 떨어지는 바람에 계약이 깨져 버린 것이었습니다.

그 시절의 만년필은 펜이 이렇게 생겨 잉크가 흘러 떨어지는 일이 자주 일어났습니다.

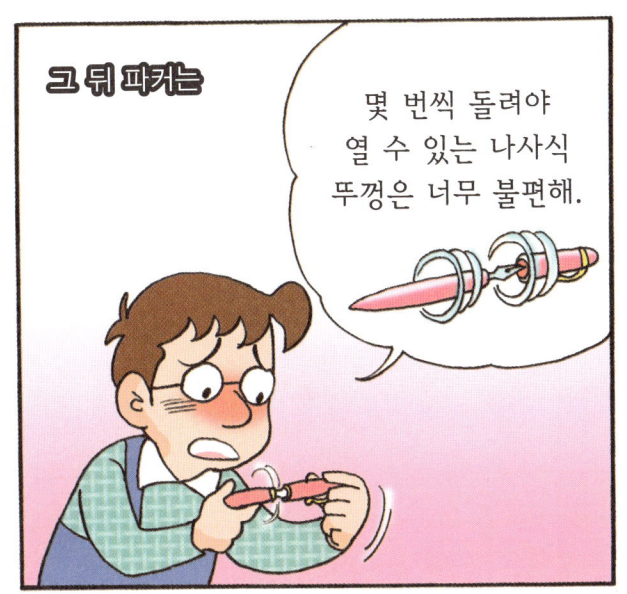

그는 다시 이 문제에 밤낮없이 매달렸습니다.

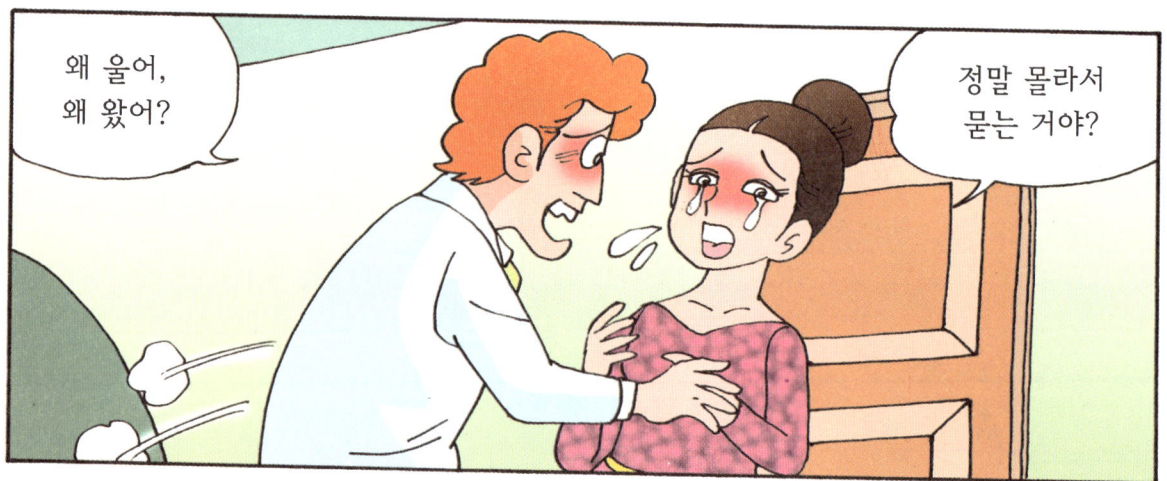

순간의 아이디어가 만든 발명품

화풀이가 발명으로 – 주전자 뚜껑의 구멍

평범한 직장인 후쿠이에는 방에 난로를 피워 놓고 그 위에 물이 가득 담긴 주전자를 올려놓은 채 잠이 들었습니다. 얼마가 지났을까 덜커덩덜커덩 하는 소리에 잠에서 깨어났습니다. 무슨 소리인가 싶어 둘러보니 난로 위에 놓인 주전자에서 나는 소리였습니다. 물이 끓자, 뚜껑이 들썩거리는 것이었습니다.

시간이 지날수록 주전자 뚜껑이 들썩이는 소리는 더욱 요란해졌습니다. 방 안의 습도 조절을 위해 주전자를 내려놓을 수도 없는 노릇이었습니다. 다시 자려고 눈을 감았지만 뚜껑이 덜그럭거리는 소리 때문에 도무지 잠이 오지 않았습니다.

뚜껑에 구멍이 있는 주전자

결국 화가 머리끝까지 난 후쿠이에는 책상 위에 놓인 송곳을 집어들고 주전자 뚜껑을 내리찍어 버리고 말았습니다. 그러자 뚜껑에는 작은 구멍이 생겼습니다. 주전자 안에 가득 찬 수증기가 뚫린 구멍으로 빠져 나오기 시작했습니다. 그리고 더 이상은 뚜껑이 들썩거리지 않았습니다. 그제서야 후쿠이에는 잠이 들 수 있었습니다.

잠에서 깬 후쿠이에는 주전자 뚜껑에 구멍을 뚫는 게 훨씬 편리하다는 사실을 알게 되었습니다. 그는 곧 실용신안을 냈고, 일본은 물론 전세계의 모든 주전자 뚜껑에 구멍이 뚫리게 되었습니다.

물에 뜨는 기적의 비누

화장용 미용 비누 제품을 생산하는 일본의 작은 공장

점심 휴식 시간이 끝나는 벨이 울렸습니다.

소년 화가의 아이디어

필라델피아의 작은 마을에 사는 하이만은

아버지가 일찍 돌아가시고 어머니가 하시는 품삯일로 살아가는 가난한 소년이었습니다.

으흠!

하이만!

들어와, 윌리엄!

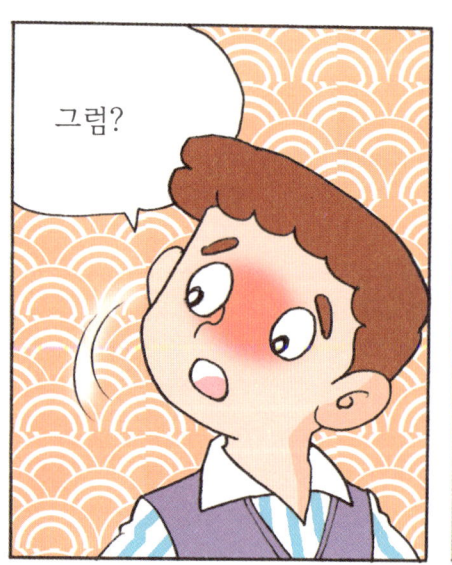

지우개 달린 연필은 만들기가 바쁘게 팔려 나갔습니다.

그로부터 17년 동안 하이만은 연필 제조 회사로부터 1천만 달러를 받았습니다.

이 연필의 제조권을 산 연필 회사는 미국에서도 손꼽히는 대회사로 성장했으며

하이만은 아뜰리에를 세우고 그림에 전념하여

미술 대전에 입선하여 화가로서도 이름을 널리 알렸습니다.

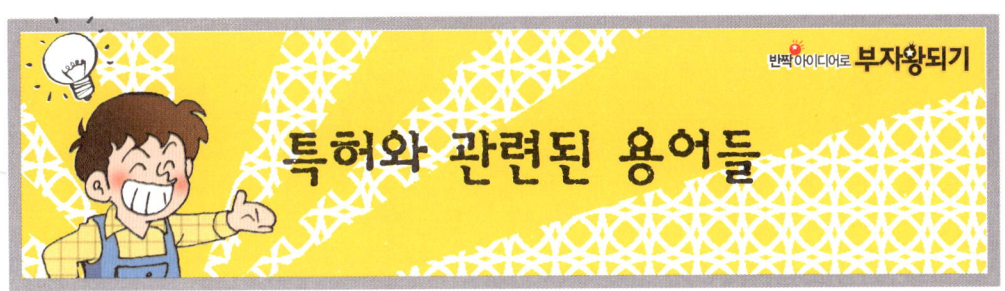

발견과 발명 : 발견이란 기존에 이미 존재하고 있으나 미처 찾아 내지 못한 사실이나 물체를 찾아 낸 것을 두고 이르는 말입니다. 인류에게 가장 혁신적인 발견으로 우리는 불의 발견을 뽑고 있지요. 발명은 발견과는 달리 이전에 없었던 것을 만들어 내는 것을 말합니다. 앞서 알아본 수레바퀴는 인류 최고의 발명품이라 할 수 있습니다.

특허권 : 아직까지 없었던 물건의 발명이나 원래 있던 물건이라도 기존의 제조 방법과 다른 새로운 방법을 최초로 발명한 것에 주어지는 권리입니다. 예를 들어 전화기가 없던 시절에 전자를 응용하여 전화기를 처음으로 만들어 냈을 경우 특허를 내서 그 물건에 대한 권리를 가질 수 있습니다.

실용신안권 : 이미 발명된 것을 개량해서 보다 편리하고 유용하게 쓸 수 있도록 한 물품에 대해 주어지는 권리입니다. 예를 들어 전화기의 수화기와 송화기가 분리된 것을 하나로 일체화 시켰을 경우 실용신안을 출원하여 권리를 가질 수 있습니다.

의장권 : 물품의 형상, 모양이나 색채, 또는 이들을 결합한 것으로서 시각을 통하여 아름다운 느낌을 가질 수 있도록 만든 것에 대해 주어지는 권리입니다. 예를 들어 기존의 전화기를 똑같은 기능을 가진 강아지 모양의 전화기로 만들었을 경우 의장 등록을 하여 권리를 가질 수 있습니다.

2009년 4월 5일 중판 1쇄 발행
2010년 1월 10일 중판 2쇄 발행

엮 은 이　　아이사랑
그 린 이　　신천중

펴 낸 이　　김경희

펴 낸 곳　　(주)도서출판 아테나
주　　소　　서울시 마포구 서교동 395-166 서교빌딩 601호
편　　집　　(02)2268-6042ㅣ Fax (02)2268-9422
홈 페이지　　http://www.athenapub.co.kr
E-mail　　bookjjang@hanmail.net
등　　록　　1991년 2월 22일 제 2-1134호

ⓒ 2003 아데니
ISBN 978-89-91494-47-3 73400

* 이 책의 저작권은 도서출판 (주)아테나에 있습니다.
* 이 책 내용의 일부 또는 전부를 사용하려면 반드시 저작권자의 서면을 통한 동의를 얻어야 합니다.
* 책값은 뒤표지에 있습니다. 잘못된 책은 바꾸어 드립니다.